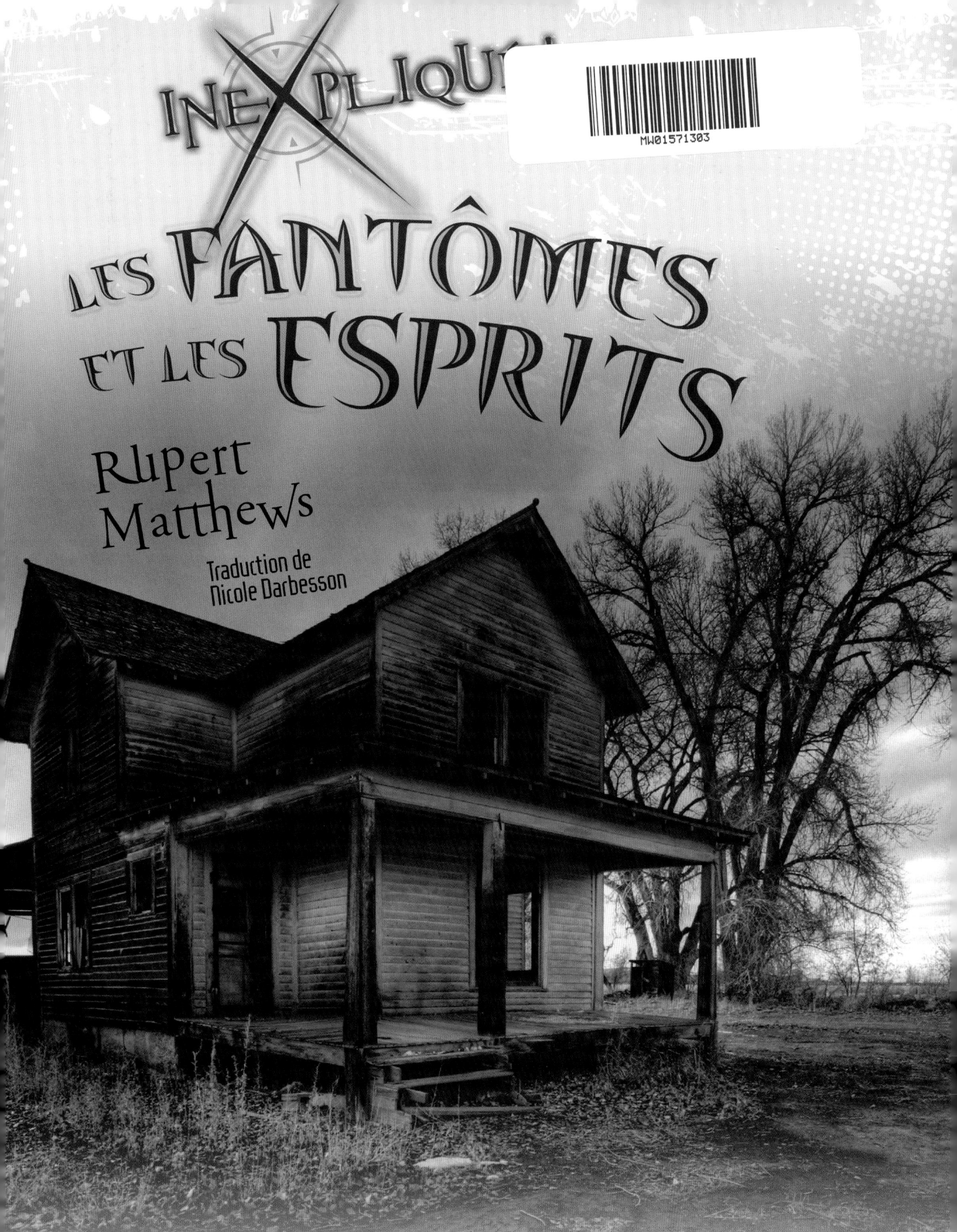

Inexpliqué

Les Fantômes et les Esprits

Rupert Matthews

Traduction de Nicole Darbesson

Les fantômes et les esprits est la traduction de *Unexplained Ghosts and Spirits* de Rupert Matthews (ISBN 978-1-84835-439-5) © QED Publishing, UK, 2010.

Catalogage avant publication de Bibliothèque et Archives nationales du Québec et Bibliothèque et Archives Canada

Matthews, Rupert

    Les fantômes et les esprits

    (Inexpliqué!)
    Traduction de: Unexplained ghosts and spirits.
    Comprend un index.
    Pour les jeunes de 8 à 12 ans.

    ISBN 978-2-89579-343-4

    1. Fantômes - Ouvrages pour la jeunesse. I. Titre.

BF1461.M3714 2010   j133.1   C2010-941422-5

Nous reconnaissons l'aide financière du gouvernement du Canada par l'entremise du Programme d'aide au développement de l'industrie de l'édition (PADIÉ) pour nos activités d'édition.

Conseil des Arts du Canada   Canada Council for the Arts

Bayard Canada Livres inc. remercie le Conseil des Arts du Canada du soutien accordé à son programme d'édition dans le cadre du Programme des subventions globales aux éditeurs.

Cet ouvrage a été publié avec le soutien de la SODEC. Gouvernement du Québec – Programme de crédit d'impôt pour l'édition de livres – Gestion SODEC.

Dépôt légal –
Bibliothèque et Archives nationales du Québec, 2010
Bibliothèque et Archives Canada, 2010

Tous droits réservés. Aucune partie de ce livre ne peut être reproduite ou copiée sous aucune forme sans l'autorisation écrite de l'éditeur.

Édition : Paul Manning/White-Thomson Publishing
Conception graphique : Tim Mayer/White-Thomson Publishing
Recherche photographique : Maria Joannou

Version française
Direction : Andrée-Anne Gratton
Mise en page : Danielle Dugal
Traduction : Nicole Darbesson
Révision : Anne Bricaud

© Bayard Canada Livres inc., 2010
4475, rue Frontenac
Montréal (Québec)
Canada H2H 2S2
Téléphone : 514 844-2111 ou 1 866 844-2111
Télécopieur : 514 278-0072
Courriel : edition@bayardcanada.com
Site Internet : www.bayardlivres.ca

Imprimé et relié en Chine

Illustrations et photos
(h=haut ; b=bas ; d=droite ; g=gauche ; c=centre)

Alamy Images David Wall 10h, 11 ; Bridgeman Art Library, collection privée, 16, 26 ; Corbis Paul A. Souders 10b ; Getty Images Popperfoto 27 ; Images courtoisie de RCN 18, 19h, 19b ; Istockphoto Ashwin Kharidehal Abhirama 24 ; Archives de Rex Features CSU/Collection Everett 7h ; Shutterstock Zens 2, 12, Eky Chan 3, Brian D. Meeks 6b, Christopher Poe 8b, KennStilger47 21, Vladimir Melnikov 24 (livres), Sam DCruz 24-25 (arrière-plan), Kletr 28 ; Topham Picturepoint Print Collector/HIP 8h, FotoWare FotoStation 9, 14, Charles Walker 15, Adam Hart-Davis 22, 23, The Granger Collection 28h ; Wikimedia Commons 4, 5b, 29, National Media Museum 5h, 31, Library of Congress 6h, 17b, Admiral Horthy 13 ; Wikipedia M. V. Le livre de la sorcière de Bell, Ingram, 1894, 20.

Les mots en gras sont définis dans le glossaire, à la page 30.

Tu peux trouver les réponses aux questions posées dans cet ouvrage à la page 31.

TABLE DES MATIÈRES

Les fantômes sont-ils réels ?	4
Le fantôme de Lincoln	6
Les secrets de la Tour	8
Cris et murmures	10
La ville fantôme, Afrique du Sud	12
Les anges de Mons	14
Le *Hollandais volant*	16
Le fantôme de la fille de Cúcuta	18
La sorcière de Bell	20
L'esprit frappeur de Rosenheim	22
L'esprit frappeur de Kolkata	24
Le fantôme de McConnell	26
Le timonier obligeant	28
Glossaire	30
Réponses	31
Sites Internet et index	32

LES FANTÔMES SONT-ILS RÉELS ?

Depuis des siècles et partout dans le monde, les gens racontent des histoires sur les fantômes. Certains soutiennent qu'ils sont imaginaires, mais d'autres croient vraiment qu'ils sont réels. Lis ce livre et fais-toi une opinion.

RÉEL OU IMAGINAIRE ?

Beaucoup d'histoires sur les fantômes finissent par avoir une explication simple. Par exemple, on disait qu'une maison, dans la ville de Bath, au Royaume-Uni, était hantée par le son d'un piano qui jouait. On a découvert un jour que cette musique fantomatique provenait d'un piano à deux maisons de là. Le son était transporté par les conduites d'eau !

 Le presbytère de Borley, dans l'Essex, était connu comme la maison la plus hantée d'Angleterre.

DES CANULARS

Parfois, on découvre que les fantômes sont des **canulars** ou des blagues. Ils sont le plus souvent des **hallucinations**, c'est-à-dire que les gens voient ou entendent des choses qui ne sont pas vraiment là. Mais les **apparitions** de fantômes ne peuvent pas toutes être expliquées aussi facilement.

LES OUTILS ESSENTIELS D'UN ENQUÊTEUR

Voici quelques-uns des outils utilisés par les chasseurs de fantômes et les enquêteurs sur le paranormal :

- **Une caméra** pour prendre des photos et des films
- **Un magnétophone** pour enregistrer les sons inhabituels
- **Un détecteur de champs électromagnétiques** pour mesurer les changements dans les champs électromagnétiques
- **Un thermomètre** pour mesurer les changements de température
- **Un cahier de notes** pour inscrire l'heure, le lieu et d'autres détails sur l'activité paranormale

 Les photographes de l'époque victorienne ont souvent affirmé avoir photographié des fantômes. On croyait que cette photographie montrait un homme et le fantôme de sa femme décédée. On a découvert plus tard que c'était un trucage.

LES CHASSEURS DE FANTÔMES

Quand un témoin déclare avoir vu clairement un fantôme tout près de lui, il est parfois questionné par des chasseurs de fantômes ou des enquêteurs sur le **paranormal**, qui essaient d'en savoir plus. Ils utilisent souvent une caméra et un équipement spécialisé pour rassembler des informations sur le fantôme. S'ils ne trouvent aucune explication scientifique, ils peuvent traiter l'apparition comme **authentique**.

 Harry Price (1881-1948) était l'un des chasseurs de fantômes les plus connus de son temps. Il a effectué de nombreuses enquêtes célèbres sur les maisons hantées.

LE FANTÔME DE LINCOLN

Un fantôme classique apparaît toujours au même endroit et se comporte toujours de la même façon. La plupart des fantômes classiques sont des apparitions de gens décédés depuis un certain temps. On les confond même parfois avec des gens réels.

FICHE SUR LE FANTÔME

Sujet	Abraham Lincoln
Apparition	19 mai 1943
Lieu	Maison-Blanche, Washington D.C., É.-U.
Statut	INEXPLIQUÉ

DISPARU DANS L'AIR

Pendant la Deuxième Guerre Mondiale, le premier ministre britannique Winston Churchill fit un séjour à la Maison-Blanche en tant qu'invité du président des États-Unis, Franklin D. Roosevelt. Un soir, alors qu'il se préparait dans la chambre Lincoln avant un souper, il sentit la présence d'un homme de haute taille vêtu d'un costume sombre, qui était debout dans la chambre.

Étonné, Churchill dit : « Vous me trouvez dans une situation désavantageuse, Monsieur ! » L'homme sourit, puis se volatilisa. Plus tard, Churchill identifia le fantôme comme étant celui d'un ancien président, Abraham Lincoln.

Abraham Lincoln, né en 1809, fut président des États-Unis de 1861 à 1865. Il fut assassiné alors qu'il assistait à une représentation théâtrale.

 La Maison-Blanche, à Washington D.C., est la résidence officielle du président des États-Unis.

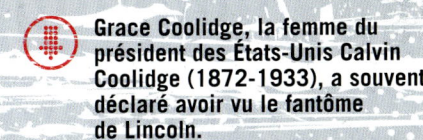

Grace Coolidge, la femme du président des États-Unis Calvin Coolidge (1872-1933), a souvent déclaré avoir vu le fantôme de Lincoln.

RÉEL OU IMAGINAIRE ?

En 1948, la reine Wilhelmine des Pays-Bas dormait à la Maison-Blanche lorsqu'elle fut réveillée en pleine nuit par un coup frappé à la porte. Elle ouvrit et vit dans le couloir le fantôme de Lincoln qui la dévisageait. Elle s'évanouit et se réveilla plus tard, allongée sur le sol de sa chambre.

LES TÉMOINS DE LA MAISON-BLANCHE

Churchill ne fut ni le premier ni le dernier à voir le fantôme de Lincoln. D'autres témoins l'ont vu aussi, y compris Eleanor, la femme de Roosevelt, et Maureen Reagan, la fille du président des États-Unis Ronald Reagan (1911-2004). Apparemment, le chien des Reagan refusait d'entrer dans la chambre Lincoln et aboyait souvent devant la porte fermée.

QU'EST-IL ARRIVÉ ENSUITE ?

Après chaque apparition, la Maison-Blanche était fouillée minutieusement à la recherche d'intrus, mais en vain. Depuis 1947, le fantôme de Lincoln n'a été vu qu'une seule fois, mais on entend encore aujourd'hui des sons fantomatiques dans la Maison-Blanche.

Qui s'est évanouie après avoir rencontré le fantôme de la Maison-Blanche ? Quand le président Lincoln est-il décédé ?

Qu'est-ce que Winston Churchill a dit au fantôme ?

LES SECRETS DE LA TOUR

On croit que Lady Jane Grey n'avait que 16 ou 17 ans quand elle fut exécutée.

Sombre, grise et d'allure inquiétante, la Tour de Londres est l'un des plus vieux châteaux historiques du Royaume-Uni et l'un des plus hantés.

LA REINE DE NEUF JOURS

Au cours de sa longue histoire, la Tour de Londres a souvent été un lieu de châtiments cruels. C'est là qu'en 1553, Lady Jane Grey fut emprisonnée après avoir gouverné l'Angleterre pendant seulement neuf jours. Ce règne a été le plus court de l'histoire d'Angleterre. Jane y fut emprisonnée pendant sept mois avant d'être exécutée avec son mari et son père sur l'ordre de la nouvelle reine, Marie Tudor. Depuis, on dit que son fantôme et celui de son mari hantent la tour.

Construite par Guillaume le Conquérant en 1078, la Tour de Londres a souvent servi de prison pour les ennemis du roi ou de la reine d'Angleterre.

FICHE SUR LE FANTÔME

Sujet	Lady Jane Grey
Apparition	12 février 1957
Lieu	Tour de Londres, Royaume-Uni
Statut	INEXPLIQUÉ

LES FANTÔMES DE L'HISTOIRE

Plusieurs autres personnages historiques semblent hanter les sombres coins et recoins de la Tour. Anne Boleyn, la femme d'Henri VIII, qui fut décapitée sur la colline de la Tour en 1536, a été vue dans la chapelle. On dit que Sir Walter Raleigh, exécuté en 1618, hante la Tour sanglante. On a aussi vu les spectres de deux jeunes garçons vêtus de blanc, qu'on dit être les neveux assassinés de Richard III.

RÉEL OU IMAGINAIRE ?

En 1957, un soir, deux gardes de la Tour de Londres virent l'étrange spectre vaporeux d'une femme en robe longue qui marchait sur les remparts. Elle fit quelques pas, puis disparut. Cette apparition se produisit le 12 février, le jour où Lady Jane Grey fut exécutée en 1554.

Ces deux jeunes neveux de Richard III font partie des fantômes qui hantent la Tour sanglante.

Où le fantôme de Lady Jane Grey a-t-il été vu en 1957 ?

Qui était le mari d'Anne Boleyn ?

Qui sont les deux petits garçons qui hantent la Tour sanglante ?

CRIS ET MURMURES

Avec ses **dalles** qui résonnent, ses couloirs sombres et ses expositions macabres, il est difficile d'imaginer un endroit plus effrayant que le Old Melbourne Gaol, en Australie.

On dit que l'écho des cris de prisonniers morts depuis longtemps et de bruits de pas fantomatiques se répercute le long des couloirs du Old Melbourne Gaol.

LES FANTÔMES DE LA PRISON

Construit en 1841, le Melbourne Gaol a déjà abrité des centaines de prisonniers parmi les plus dangereux d'Australie. Le hors-la-loi Ned Kelly y fut pendu en 1880. Entre 1841 et 1924, plus de 130 prisonniers y furent exécutés, et on dit que beaucoup d'entre eux hantent les lieux aujourd'hui. Que cela soit vrai ou faux, on frissonne lorsqu'on y pénètre.

 Le masque mortuaire de Ned Kelly est un des objets macabres exposés dans la prison.

DES OMBRES

Depuis que la prison a été transformée en musée en 1972, il y a eu d'innombrables rapports sur des ombres fantomatiques, des bruits étranges et des lumières rougeoyantes. Plusieurs visiteurs ont aussi parlé d'un soudain courant d'air glacial.

Le fantôme de la prisonnière Lucy R., qui s'est suicidée en 1865, semble hanter le Melbourne Gaol. Les chasseurs de fantômes qui ont passé une nuit dans la prison le jour anniversaire de sa mort ont même déclaré avoir enregistré sa voix qui appelait à l'aide dans la cellule 16.

FICHE SUR LE FANTÔME

Sujet : Lucy R.
Apparition : À répétition depuis 1972
Lieu : Old Melbourne Gaol, Australie
Statut : INEXPLIQUÉ

Quand a été construit le Old Melbourne Gaol?

Quel hors-la-loi célèbre y a été exécuté en 1880?

Quand le Gaol est-il devenu un musée?

Les pendaisons au Gaol se tenaient sur ce palier du 1er étage où une **trappe**, appelée « la boîte du bourreau », était découpée dans le plancher.

RÉEL OU IMAGINAIRE ?

Une nuit, alors que le **conservateur** du musée travaillait tard dans son bureau, il entendit des pas, puis des grattements à la porte. Il sortit, mais le couloir était désert. Pas étonnant qu'il préfère travailler lorsqu'il y a du monde !

LA VILLE FANTÔME, AFRIQUE DU SUD

La ville de Port Elizabeth, dans la province orientale du Cap, en Afrique du Sud, est fière de ses attraits historiques. Mais une foule de fantômes se cache dans ses beaux bâtiments anciens...

LE FANTÔME DE LA CHAMBRE 700

En 1896, un incendie se déclara dans le centre de Port Elizabeth et un courageux policier mourut en combattant les flammes. Quand des ouvriers commencèrent à construire la bibliothèque publique cinq ans plus tard, ils firent l'erreur d'enlever du site la plaque commémorative de PC Maxwell. On raconte que pendant plusieurs années, son fantôme en colère hanta le bâtiment. Heureusement, lorsque la plaque fut remise à sa place, le fantôme de la chambre 700 cessa de se manifester.

On dit que la sinistre bibliothèque publique de Port Elizabeth est le cadre d'apparitions effrayantes, que des portes se ferment en claquant sans raison et que des livres volent dans les airs.

RÉEL OU IMAGINAIRE ?

On raconte que l'esprit d'une jeune servante, qui fut assassinée par son amoureux, hante une vieille maison de Port Elizabeth. En récompense de son bon travail, on avait confié à la jeune fille la tâche d'épousseter le piano. Les gens qui ont vécu dans cette maison par la suite ont déclaré avoir entendu flotter une musique fantomatique en provenance du salon.

DES ÂMES ERRANTES

L'activité surnaturelle qui règne dans un édifice est souvent liée à des événements violents ou tragiques qui peuvent s'y être déroulés, tels que des meurtres, des morts accidentelles ou des suicides. On dit que bien des hantises sont causées par des âmes errantes, c'est-à-dire des fantômes tristes ou fâchés parce que leurs restes ou leur dernier lieu de repos ont été dérangés.

FICHE SUR LE FANTÔME
- **Sujet** : Robert Thomas, gardien
- **Apparitions** : Plusieurs fois depuis 1943
- **Lieu** : Bibliothèque de Port Elizabeth, Afrique du Sud
- **Statut** : INEXPLIQUÉ

DES PORTES QUI CLAQUENT

On raconte que l'ancien gardien de la bibliothèque de Port Elizabeth hante également les lieux. Pendant 31 ans, Robert Thomas s'est consacré à l'entretien de l'édifice. Aujourd'hui encore, il reste dans les parages, fait claquer des portes et empile des livres. Il les lance même parfois à travers la pièce !

L'entrée de la belle bibliothèque publique victorienne de Port Elizabeth.

Où se trouve Port Elizabeth ?

Qui était le fantôme de la chambre 700 ?

Quel fantôme hante toujours la bibliothèque ?

LES ANGES DE MONS

Certaines histoires surnaturelles ou de fantômes semblent si farfelues qu'il est difficile de croire que des gens ont pu penser qu'elles étaient vraies. L'histoire des anges de Mons est l'une d'elles.

UN SAUVETAGE MIRACULEUX

Le 24 avril 1915, en pleine Première Guerre Mondiale, une histoire étrange fut publiée dans un magazine britannique. On y décrivait comment la force surnaturelle d'anges avait miraculeusement sauvé un groupe de soldats britanniques en août 1914, pendant la bataille de Mons, en Belgique.

FICHE SUR LE FANTÔME

- **Sujet** : Les anges de Mons
- **Apparition** : Août 1914
- **Lieu** : Mons, Belgique
- **Statut** : EXPLIQUÉ

L'histoire se répandit rapidement. Tout le monde ne parlait plus que des anges de Mons. De plus, selon les journaux, des soldats ayant pris part à la bataille affirmaient que c'était vrai !

Les soldats qui ont combattu dans les tranchées lors de la Première Guerre Mondiale ont été témoins de scènes terribles qui les ont souvent hantés pendant le reste de leur vie.

LA NAISSANCE D'UNE LÉGENDE

En fait, tout commença avec l'écrivain britannique Arthur Machen. Son histoire *Les archers*, publiée l'année précédente, racontait comment les troupes britanniques à Mons avaient été sauvées par une cohorte d'**archers** fantomatiques anglais à la bataille d'Agincourt, en France, en 1415. L'histoire avait pour but de rendre les gens fiers et **patriotes**, mais n'était pas fondée sur un fait réel.

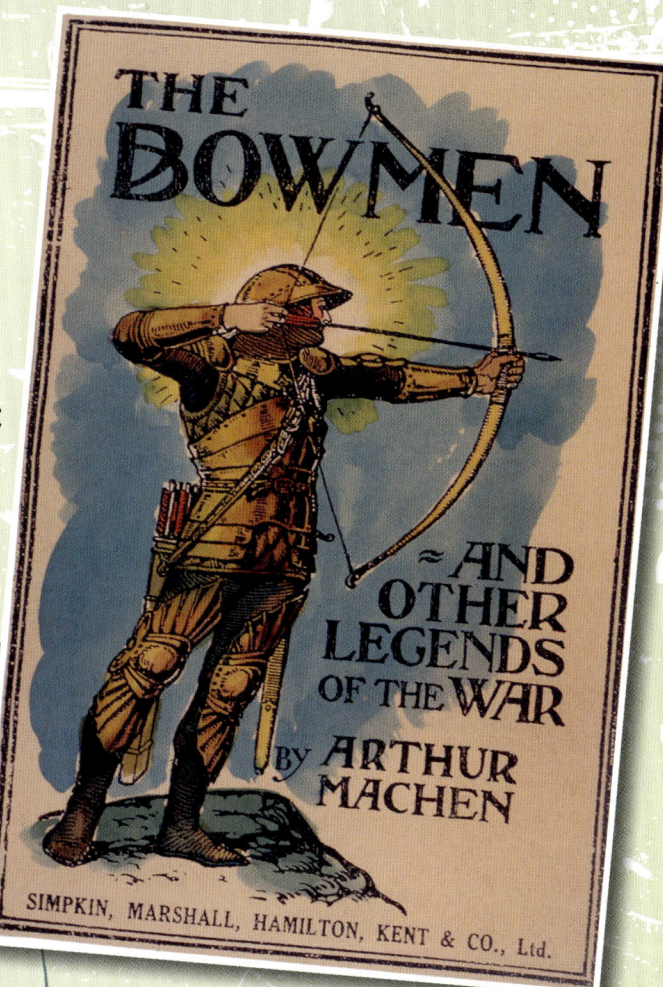

Embarrassé par la **légende** sur les anges, Arthur Machen a toujours insisté sur le fait que *Les archers* n'était qu'une **fiction**.

RÉEL OU IMAGINAIRE ?

Le seul témoignage pouvant se rapporter à l'histoire des anges provient d'un groupe de gardes irlandais, qui s'étaient perdus pendant la bataille et furent aidés par une femme tenant une lampe. Il n'y a aucune raison de penser que cette femme était un fantôme, mais l'aide qu'elle apporta aux soldats peut avoir aidé à propager la légende des anges.

QU'EST-IL ARRIVÉ ENSUITE ?

Lorsque Machen se rendit compte qu'il était à l'origine des rumeurs qui couraient sur les anges, il en fut horrifié. Il tenta d'expliquer que son histoire était imaginaire, mais personne ne voulut l'écouter. Finalement, l'histoire fut racontée si souvent que tout le monde la crut vraie.

Quelle bataille eut lieu en Belgique, en août 1914 ?

Quand l'histoire sur les anges de Mons fut-elle publiée pour la première fois ?

Qui a écrit l'histoire *Les archers* ?

LE HOLLANDAIS VOLANT

Selon la légende, le vaisseau fantôme connu sous le nom de «Hollandais volant» fut condamné à voguer sur les mers pour toujours, apportant mort et désastre à tous ceux qui le voyaient. Étonnamment, cette histoire effrayante est basée en partie sur des faits.

FICHE SUR LE FANTÔME
Sujet Le Hollandais volant
Date 1676
Apparition Océan Indien
Statut INEXPLIQUÉ

DES HISTOIRES FARFELUES

Le *Hollandais volant* était un vaisseau à voiles du XVIIe siècle qui appartenait au capitaine Van Der Decken. Quand le navire disparut lors d'une tempête au large des côtes d'Afrique du Sud en 1676, plusieurs histoires farfelues commencèrent à circuler.

Certains disaient qu'un meurtre avait été commis à bord. D'autres, que l'équipage avait été frappé par la peste. Beaucoup croyaient que le navire était maudit parce que le capitaine avait scellé un pacte avec le diable.

Cette peinture réputée de William Wyllie représente des marins qui abandonnent leur navire après avoir rencontré le fantomatique *Hollandais volant* en haute mer.

UN MYSTÉRIEUX VAISSEAU

En 1880, celui qui allait devenir le roi George V d'Angleterre naviguait vers Sydney, en Australie, à bord du HMS *Bacchante*, un navire de la Royal Navy. À 4 heures, un matin, la vigie repéra un vaisseau à voiles rougeoyant à l'horizon. Mystérieusement, le vaisseau fantôme s'approcha, puis disparut soudain.

 George V a toujours adoré la mer et a servi dans la Royal Navy avant de devenir roi d'Angleterre en 1910.

RÉEL OU IMAGINAIRE ?

Les histoires de vaisseaux fantômes ne sont pas rares. Selon la croyance populaire, le Caleuche serait un vaisseau fantôme qui sillonne les mers la nuit autour de l'île Chiloé, au large des côtes chiliennes. Des témoins disent avoir entendu de la musique et des rires à bord avant que le merveilleux vaisseau ne disparaisse une fois encore dans la nuit.

QU'EST-IL ARRIVÉ ENSUITE ?

Plus tard ce même jour, un terrible accident survint à bord. Le marin qui avait vu le mystérieux vaisseau tomba du **gréement** et fut retrouvé mort, couché sur le **gaillard d'avant** du navire.

Après cet événement, le futur roi crut fermement que le vaisseau fantôme aperçu ce jour-là était bel et bien le *Hollandais volant*. Et si c'était vrai ?

Quand le *Hollandais volant* a-t-il disparu ?

Qui était le capitaine du *Hollandais volant* ?

Quel futur roi britannique a déclaré avoir vu le *Hollandais volant* ?

LE FANTÔME DE LA FILLE DE CÚCUTA

Parfois, les gens inventent des fantômes pour tenter de berner les gens. Mais peu de fantômes inventés ont berné autant de personnes que le fantôme de la fille de Cúcuta!

FICHE SUR LE FANTÔME

Sujet : Le fantôme de la fille de Cúcuta
Date : Mai 2007
Apparition : Parc Villa Camila, Cúcuta, Colombie
Statut : CANULAR

LA FILLE EN BLANC

En mai 2007, la station de télévision colombienne RCN présenta un film sur un fantôme qui était supposé hanter la ville de Cúcuta, au nord-est de la Colombie. C'était celui d'une fillette de 12 ans qui avait été assassinée dans un parc de la région 30 ans plus tôt. Le film comprenait des entrevues avec des témoins oculaires et même des extraits vidéo qui montraient un sinistre personnage blanc glissant dans le parc la nuit.

Lorsque le film fut projeté, il fit sensation. Bien vite, des téléspectateurs se mirent à téléphoner pour dire qu'ils avaient vu le fantôme, eux aussi!

On a prétendu que cette photo du personnage blanc fantomatique avait été prise dans le parc Villa Camila à Cúcuta.

RÉEL OU IMAGINAIRE ?

Le canular du fantôme de la fille de Cúcuta reposait sur des effets visuels ingénieux et des trucages vidéo, mais aussi sur les interprétations convaincantes des témoins. Les entrevues avec les personnes qui déclaraient avoir vu le fantôme, y compris un prêtre de la région, rendirent cette histoire plus crédible.

 Des entrevues avec des témoins ont rendu l'histoire de la fille fantôme très crédible.

QU'EST-IL ARRIVÉ ENSUITE ?

Un an plus tard, le site Internet colombien trikinhuelas.com révéla la vérité. Le fantôme était un canular créé par l'équipe des nouvelles télévisées. Les entrevues avec les témoins étaient truquées. Le fantôme montré dans le film était la projection d'une photographie d'une fillette, prise lors d'une fiesta en 2005.

Quelle chaîne de télévision a projeté le film sur le fantôme ?

Dans quel parc le fantôme a-t-il été vu ?

Quel site Web a révélé le canular ?

 Ce film montrant le fantôme qui glisse dans le parc la nuit est très réaliste. T'y serais-tu laissé prendre, toi aussi ?

LA SORCIÈRE DE BELL

Au début des années 1800, la sorcière de Bell était le fantôme le plus célèbre des États-Unis. L'histoire de la façon dont l'**esprit frappeur** d'une vieille femme a terrorisé un fermier du Tennessee et sa famille fait partie des histoires surnaturelles les plus effroyables jamais racontées.

Cette illustration de Betsy Bell sous l'emprise de l'esprit frappeur est tirée d'un des nombreux livres sur la légende de la sorcière de Bell.

FICHE SUR LE FANTÔME
- **Sujet** : La sorcière de Bell
- **Date** : 1817-1820
- **Apparition** : La ferme de Bell, Tennessee, É.-U.
- **Statut** : INEXPLIQUÉ

UNE FORCE INVISIBLE

Tout commença en 1817, lorsque John Bell remarqua des animaux à l'allure étrange autour de sa ferme. Peu après, la famille commença à entendre des sons violents de coups, de secousses et de rongements autour de la maison. Au même moment, Betsy, la jeune fille de Bell, se retrouva sous l'emprise d'une terrifiante force invisible qui se mit à la tirer par les cheveux, à la griffer, à la pincer et même à la battre.

UNE MORT SUBITE

Bien vite la force invisible se fit entendre. Elle prétendit être une sorcière et se mit à jeter des objets sur les membres de la famille. Ensuite, elle dirigea ses attaques vers John, le père de Betsy.

Le 20 décembre 1820, trois ans après le début des événements, John Bell décéda subitement. On trouva une bouteille de poison dans sa chambre. La sorcière se vanta d'avoir provoqué sa mort.

QU'EST-IL ARRIVÉ ENSUITE ?

Environ deux mois plus tard, tout cessa. Depuis, bien des livres ont été écrits sur l'esprit frappeur de la famille Bell. De nos jours, on enseigne encore cette histoire dans les écoles du Tennessee.

RÉEL OU IMAGINAIRE ?

Lorsque le fantôme de Bell se mit à parler, il prétendit être la vieille sorcière Kate Batts, une personne âgée respectable qui demeurait tout près de chez les Bell. Cependant, Kate Batts ne nourrissait aucune rancune envers la famille Bell, et John Bell refusa de croire à cette histoire. Le fantôme prétendit beaucoup d'autres choses, toutes aussi fausses les unes que les autres.

Où était située la ferme de John Bell ?

Quand a-t-elle commencé à être hantée ?

Qui étaient les principales victimes ?

Bien des régions rurales du Tennessee ont peu changé depuis l'époque de la sorcière de Bell. Cette ferme désertée se trouve sur le plateau de Cumberland, à l'est du comté de Robertson, où la hantise a eu lieu.

L'ESPRIT FRAPPEUR DE ROSENHEIM

En 1967, lorsque Sigmund Adam interrogea Anne-Marie Schneider pour lui donner un poste dans son cabinet d'avocats, dans le sud de l'Allemagne, la jeune femme lui sembla tout à fait normale. Cependant, peu après qu'elle eut commencé à travailler, Adam remarqua qu'un certain nombre de choses très étranges se passaient dans son cabinet...

FICHE SUR LE FANTÔME
Sujet L'esprit frappeur de Rosenheim
Date 1967
Apparition Rosenheim, Allemagne
Statut INEXPLIQUÉ

DES APPELS SILENCIEUX

Il y eut d'abord les appels silencieux. Les téléphones sonnaient, mais personne ne se trouvait au bout du fil. Puis, les lumières se mirent à s'allumer et à s'éteindre. Des calendriers s'envolaient des murs. Les tiroirs jaillissaient des bureaux. Un coffre de chêne glissa tout seul sur le sol.

La nouvelle de ces événements étranges se répandit bien vite à Rosenheim. La police vint enquêter et des scientifiques inspectèrent le cabinet, munis de magnétophones et de caméras. Mais ce ne fut que lorsqu'un enquêteur sur le paranormal se rendit à Rosenheim qu'un schéma commença à se dégager.

Anne-Marie Schneider avait 19 ans lorsqu'elle commença à travailler dans le cabinet d'avocats de Sigfrid Adam à Rosenheim.

L'ACTIVITÉ PARANORMALE

L'enquêteur remarqua que l'activité paranormale ne survenait que lorsque Anne-Marie Schneider travaillait au cabinet d'avocats, et qu'elle cessait dès qu'elle quittait l'édifice. En la questionnant, l'enquêteur découvrit que la jeune femme était malheureuse et qu'elle détestait son travail et son patron.

RÉEL OU IMAGINAIRE ?

Le cas de l'esprit frappeur de Rosenheim continue de diviser les experts. Aucun des événements extrêmes qui se sont produits n'a été filmé. Mais plusieurs scientifiques étaient convaincus que ce qu'ils avaient vu était authentique et qu'il n'y avait aucune preuve que ces événements auraient pu être truqués.

 Sigmund Adam montre une facture de téléphone qu'il a reçue lorsque le cabinet était hanté. On lui a facturé 600 appels à l'**horloge parlante** alors que tous les téléphones du cabinet étaient hors service à ce moment-là.

LE DÉPART DE L'ESPRIT

Peu après, Anne-Marie quitta le cabinet et l'esprit frappeur partit avec elle. Personne n'a pu expliquer comment une jeune femme de 19 ans avait pu déclencher une telle activité paranormale. Des années plus tard, le cas Rosenheim demeure l'un des plus étranges et effrayants cas survenus récemment.

Quand a commencé l'activité paranormale ?

Quel âge avait alors Anne-Marie Schneider ?

Comment les scientifiques ont-ils tenté d'observer le fantôme ?

L'ESPRIT FRAPPEUR DE KOLKATA

En décembre 2008, une fillette de Kolkata, en Inde, a vécu une expérience terrifiante. Tout a commencé sans aucun avertissement et s'est terminé tout aussi mystérieusement.

DE GRANDS RAVAGES

À Kolkata, la maison d'un homme nommé Ratan Das fut hantée alors que sa fille aînée, Rima, était sur le point de passer un important examen scolaire.

Du 14 au 27 décembre, l'esprit frappeur causa des ravages dans la maison. Les objets étaient déplacés ou cachés. Les membres de la famille étaient poussés par des forces invisibles. Les livres scolaires étaient déplacés, cachés et jetés dans la chambre. Désespéré, le père de Rima appela la police. Les policiers furent tout aussi déconcertés que la famille.

Pendant que leur maison était hantée, la vie de la famille était totalement bouleversée et Rima était incapable de se concentrer sur ses études.

UN MYSTÈRE NON RÉSOLU

Finalement, personne ne put vraiment expliquer ce qui s'était passé. Était-ce la maison familiale qui attirait l'activité paranormale ? Si tel était le cas, alors pourquoi l'esprit frappeur n'agissait-il que quand Rima était là ?

Est-il possible que ces événements aient été simplement reliés aux peurs et inquiétudes de Rima face à l'examen qu'elle devait passer ?

CHRONOLOGIE DES FAITS

14 décembre – Un vase de fleurs est déplacé.

17 décembre – Rima est poussée par des mains invisibles et ses livres sont projetés tout autour.

18 décembre – Un des livres de Rima s'enflamme.

20 décembre – Le lit de Rima prend feu.

21 décembre – Ratan Das appelle la police.

22 décembre – Le lit de Rima et ses livres sont jetés dans les escaliers.

27 décembre – La maison n'est plus hantée.

RÉEL OU IMAGINAIRE ?

Le cas de Kolkata tourne autour d'une jeune fille inquiète et anxieuse. Il est intéressant de souligner que les attaques étaient souvent dirigées contre les livres qu'elle étudiait. Une fois, le livre qu'elle lisait s'est même enflammé.

FICHE SUR LE FANTÔME

Sujet : l'esprit frappeur de Kolkata
Date : Décembre 2008
Apparition : Kolkata, Inde
Statut : INEXPLIQUÉ

Où se trouvait la maison hantée ?

Combien de temps cette situation a-t-elle duré ?

Qui était la principale cible de l'esprit frappeur ?

LE FANTÔME DE McCONNELL

Certains déclarent que des événements paranormaux peuvent être déclenchés lorsqu'une personne court un danger extrême ou est en grande **détresse**. Ceci pourrait-il expliquer le cas **déconcertant** du fantôme de McConnell ?

UN JOUR MARQUÉ PAR LA MORT

Le matin du 7 décembre 1918, le lieutenant David McConnell, un pilote britannique de 18 ans basé à Scampton, dans le Lincolnshire, au Royaume-Uni, reçut l'ordre de piloter un petit biplace jusqu'à l'aérodrome de Tadcaster, à 100 kilomètres de la base, et de revenir l'après-midi même.

À 11 h 30, McConnell dit au revoir à son compagnon de chambre et décolla pour Tadcaster. Il n'en revint jamais. Son avion s'écrasa à l'atterrissage, à l'aérodrome de Tadcaster, et il fut tué sur le coup. Sa montre-bracelet, qui s'était brisée au moment de l'écrasement, marquait 15 h 25.

FICHE SUR LE FANTÔME
- **Sujet** : Lieutenant David McConnell
- **Date** : 7 décembre 1918
- **Apparition** : Aérodrome de Scampton, Lincolnshire, Royaume-Uni
- **Statut** : INEXPLIQUÉ

 Les avions de guerre de la Première Guerre Mondiale étaient beaucoup plus dangereux que les avions modernes. Les accidents étaient fréquents et souvent fatals.

UNE VOIX FAMILIÈRE

Au moment de l'écrasement de l'avion à Tadcaster, Larkin, le compagnon de chambre de McConnell, se détendait à la base. Il entendit une voix familière, leva la tête et vit McConnell non loin de lui.

« Bonjour, déjà de retour ? »
« Oui », répondit le personnage.
« Tu t'es bien rendu ? Tu as fait bon voyage ? »
« Très bon, merci. Allez, salut ! », dit le personnage, puis il disparut.

RÉEL OU IMAGINAIRE ?

Un cas semblable au fantôme de McConnell avait été rapporté l'année précédente. Le 19 mars 1917, un pilote britannique fut abattu et tué au-dessus de la France. Au moment même de sa mort, il apparut en même temps à sa nièce en Angleterre et à sa demi-sœur en Inde.

QU'EST-IL ARRIVÉ ENSUITE ?

Lorsque Larkin apprit que McConnell était mort dans un écrasement l'après-midi, il en fut stupéfait. Si McConnell était décédé à 15 h 25 à Tadcaster, comment avait-il pu lui parler au même moment à Scampton ? Avait-il rêvé ?

Les enquêteurs sur le paranormal qui ont étudié le cas ont écarté la possibilité que ce soit un canular. Le mystère du fantôme de David McConnell demeure inexpliqué encore aujourd'hui.

Les pilotes de la Première Guerre Mondiale affrontaient d'énormes risques et étaient souvent très **superstitieux**. Mais Larkin, l'ami de McConnell, était un témoin fiable et n'avait aucune raison d'inventer cette histoire.

À quelle heure l'avion de McConnell s'est-il écrasé ?

Qui a vu l'apparition de McConnell ?

Qu'est-ce que Larkin a dit à l'apparition ?

LE TIMONIER OBLIGEANT

Dans les histoires de surnaturel classiques, les fantômes sont souvent diaboliques et menaçants. Mais il peut arriver qu'une présence surnaturelle sauve une vie.

FICHE SUR LE FANTÔME

Sujet : Le fantôme du marin du XVe siècle
Apparition : Océan Atlantique Nord
Date : 27 juillet 1895
Statut : INEXPLIQUÉ

DES DIFFICULTÉS À VENIR

En juillet 1895, le navigateur solitaire Joshua Slocum était à bord de son bateau, le *Spray*, au large des côtes de l'Afrique de l'Ouest. Il était sur le point de devenir le premier à avoir fait le tour du monde en solo. Mais il était en difficulté. Après avoir quitté les Açores, au beau milieu de l'Atlantique, il dut affronter de violentes tempêtes et tomba malade, souffrant de fortes crampes d'estomac.

Joshua Slocum (1844-1909) était un marin canadien et un écrivain connu. Son livre *Seul autour du monde sur un voilier de onze mètres* est une histoire classique d'aventures en mer.

LE PILOTE FANTÔME

Slocum abandonna la barre, puis rampa pour se reposer et ne tarda pas à s'endormir. Au bout d'un certain temps, alors qu'il se préparait à retourner sur le pont, il fut étonné de voir un grand personnage à la barre, habillé comme un marin du XVe siècle.

 Le voilier de Joshua Slocum, le *Spray*, photographié en 1898.

RÉEL OU IMAGINAIRE ?

La plupart des gens diraient que Slocum avait imaginé ce marin fantôme. Christophe Colomb était déjà dans les pensées de Slocum, car il avait lu des récits sur ses voyages avant de mettre les voiles. Mais cela n'explique pas comment le bateau a maintenu le cap pendant la nuit.

« Señor, dit le personnage, je ne vous veux aucun mal. Je suis un membre de l'équipage de Christophe Colomb, le pilote de la *Pinta*, venu pour vous aider. Reposez-vous sans crainte, je vais guider votre bateau ce soir. »

Slocum fit comme l'homme lui disait. Le lendemain, à son réveil, le bateau suivait parfaitement sa course. Il écrivit plus tard : « Colomb lui-même n'aurait pu maintenir le cap avec autant d'exactitude. J'ai été en présence d'un ami et d'un marin de grande expérience. »

Où se trouvait le bateau de Joshua lorsque l'incident survint ?

Quel problème avait Slocum à ce moment-là ?

Qui le marin fantomatique déclara-t-il être ?

GLOSSAIRE

apparition Présence visible d'une personne ou d'une chose fantomatique

archer Personne qui tire des flèches avec un arc

authentique Vrai, réel ou basé sur des faits

canular Tromperie ou fausse nouvelle

conservateur Personne qui s'occupe d'un musée ou d'une collection

dalle Pierre plate utilisée pour recouvrir un sol

déconcertant Très étonnant

détresse (être en,) Sentiment d'inquiétude ou d'impuissance, ou situation de danger

électromagnétique Propre à une sorte d'énergie, dont on dit parfois qu'elle se dégage aussi des fantômes et des esprits frappeurs

esprit frappeur Fantôme qui est invisible mais qui peut déplacer les objets

fiction Histoire inventée de toute pièce par un écrivain

fiesta Mot espagnol qui désigne une sorte de fête ou de carnaval

gaillard d'avant Partie du navire où l'équipage a ses quartiers

gardien Personne responsable de l'entretien d'un endroit ou d'un édifice

gréement Cordes qui soutiennent les mâts et les voiles d'un vaisseau

hallucination Vision ou son qui n'existent pas vraiment

horloge parlante Service téléphonique qui donne l'heure aux gens

intrus Quelqu'un qui pénètre dans un édifice sans permission

légende Histoire ancienne, vraie ou fausse, qui a souvent été racontée

lieu de repos Endroit où les restes d'une personne reposent après sa mort, par exemple une tombe

masque mortuaire Moulage en cire ou en plâtre du visage d'une personne décédée

maudit Voué au malheur

miracle Événement surprenant qui ne peut être expliqué

pacte Entente ou accord

paranormal Contraire aux lois de la science

patriote Dévoué à son pays

peste Maladie qui se répand rapidement et touche de nombreuses personnes

plaque commémorative Pierre plate en mémoire d'une personne décédée

ravages Dégats et dommages

règne Durée de temps pendant laquelle un roi ou une reine règne sur un pays

superstitieux Qui croit trop à des idées qui ne sont pas basées sur la raison

surnaturel Qui ne peut être expliqué par la science

timonier Personne qui est à la barre d'un navire ou d'un voilier

trappe Ouverture découpée dans le plancher et munie d'un abattant

RÉPONSES

Pages

6-7 La reine Wilhelmine des Pays-Bas; en 1865; « Vous me trouvez dans une situation désavantageuse, Monsieur! »

8-9 Sur les remparts de la Tour; Henry VIII; les neveux de Richard III.

10-11 1841; Ned Kelly; 1972.

12-13 En Afrique du Sud; PC Maxwell; Robert Thomas, l'ancien gardien de la bibliothèque.

14-15 La bataille de Mons; le 24 avril 1915; Arthur Machen.

16-17 En 1676; Van Der Decken; le futur George V.

18-19 RCN; dans le parc Villa Camila, à Cúcuta; trikinhuelas.com.

20-21 Dans le Tennessee; en 1817; John Bell et sa fille Betsy.

22-23 En 1967; 19 ans; à l'aide de magnétophones et de caméras.

24-25 À Kolkata, en Inde; du 14 au 27 décembre 2008; Rima Das.

26-27 À 15 h 25; Larkin, le compagnon de chambre de McConnell; « Bonjour, déjà de retour? »

28-29 Au large des côtes de l'Afrique de l'Ouest; il était malade et souffrait de grosses crampes d'estomac; le pilote de la Pinta, le bateau de Christophe Colomb.

 Les photographes de l'époque victorienne ont souvent affirmé avoir photographié des fantômes. On croyait que cette photographie montrait un homme et le fantôme de sa femme décédée. On a découvert plus tard que c'était un trucage.

Sites Internet

http://www.le-monde-du-paranormal.com/blog/index.php?category/Apparitions
Le monde du paranormal

http://www.paranormal-encyclopedie.com/wiki/Articles/Fant%f4me
Un dossier sur les fantômes

* Les références Internet citées étaient exactes au moment d'aller sous presse. Toutefois, les éditeurs n'acceptent aucune responsabilité pour toute information ou lien trouvé sur des sites de tierce partie.

Index

Adam, Sigmund 22, 23
anges de Mons 14-15
Bacchante 17
Bell, Betsy 20, 21
Boleyn, Anne 9
Caleuche 17
Churchill, Winston 6, 7
Coolidge, Grace 7
Das, Rima 24, 25
enquêteurs sur le paranormal 5, 22, 23, 27
esprit frappeur 20, 21, 22, 23, 24, 25, 30
esprit frappeur de Kolkata 24-25
esprit frappeur de Rosenheim 22-23
fantôme de la fille de Cúcuta 18-19
fantôme de McConnell 26-27

George V, roi 17
Grey, Lady Jane 8, 9
Guillaume le Conquérant 8
Henri VIII, roi 9
Hollandais volant 16-17
Kelly, Ned 10
Lincoln, Abraham 6-7
Lucy R. 11
Machen, Arthur 15
Maison-Blanche, É.-U. 6, 7
Mary Tudor, reine 8
Maxwell, PC 12
McConnell, David 26, 27
Old Melbourne Gaol, Australie 10-11
Pinta 29
Port Elizabeth, Afrique du Sud 12-13
presbytère de Borley, Royaume-Uni 4
Price, Harry 5

Raleigh, Sir Walter 9
Reagan, Ronald 7
Richard III, roi 9
Roosevelt, Franklin D. 6, 7
Schneider, Anne-Marie 22-23
Slocum, Joshua 28, 29
sorcière de Bell 20-21
Spray 28, 29
Thomas, Robert 13
Tour de Londres 8-9
Tour sanglante 9
vaisseau 16-17
Van der Decken 16
Wilhelmine, reine 7
Wyllie, William 16